大方廣佛華嚴經 寫經

46

🪷 일러두기

1. 『사경본 한글역 대방광불화엄경』은 『독송본 한문·한글역 대방광불화엄경』에 수록된 한글역을 사경하는 데 편의를 도모하기 위해 편집을 달리하여 간행한 것이다.

2. 『독송본 한문·한글역 대방광불화엄경』은 실차난타가 한역(695~699)한 80권 『대방광불화엄경』의 한문 원문과 한글역을 함께 수록한 것이다. 한문 저본은 고종 2년(1865) 월정사에서 인경한 고려대장경 『대방광불화엄경』이다.

3. 한글 번역은 동국역경원에서 발간한 한글 『대방광불화엄경』(운허)을 중심으로 하고 『신화엄경합론』(탄허)과 『대방광불화엄경 강설』(여천무비) 그리고 최근의 여타 번역본 등을 참조하였다.

4. 한글 번역은 독송과 사경을 위하여 정확성과 아울러 가독성을 고려하였다. 극존칭은 부처님과 불경계에 대해서만 사용하였다.

5. 사경본의 차례는 일러두기 → 한글역 본문 → 화엄경 목차 → 간행사이며 80권 『대방광불화엄경』의 권별 목차 순으로 독송본과 함께 간행한다. (법공양판에는 간행사 다음에 간행불사 동참자를 밝혀두었다.)

사경본 한글역

대방광불화엄경 제46권

33. 불부사의법품 [1]

수미해주

大方廣佛華嚴經第四十六卷變相

佛不思議法品第三十三

周

대방광불화엄경 제46권 변상도

대방광불화엄경
제46권

33. 불부사의법품 [1]

——————— 은(는)『대방광불화엄경』을
사경하는 인연공덕으로
『화엄경』이 널리 유통되고
우리 모두 다함께 보리 이루기를 발원하옵니다.

대방광불화엄경
제46권

33. 불부사의법품 [1]

그때에 큰 모임 가운데 있는 모든 보살들이 이 생각을 하였다.

'모든 부처님의 국토는 어찌하여 부사의하며, 모든 부처님의 본래 서원은 어찌하여 부사의하며, 모든 부처님의 종성은 어찌하여 부사의하며, 모든 부처님의 출현하심은 어찌하여 부사의하며, 모든 부처님의 몸은 어찌하여 부사의하며, 모든 부처님의 음성은 어찌하여 부사의하며, 모든 부처님의 지혜는 어찌하여 부사의하며, 모든 부처님의 자재하심은 어찌하여 부사의하며, 모든 부처님의 걸림 없음은 어찌하여 부사의하며, 모든 부처님의 해탈은 어찌하여 부사의한가?'

그때에 세존께서 모든 보살들의 마음에 생각하는 바를 아시고 곧 위신력으로 가지하시되 지혜로 섭수하며, 광명으로 밝게 비추며, 위세가 충만하시어, 청련화장 보살로 하여금 부처님의 두려움 없는 데 머무르며, 부처님의 법계에 들어가며, 부처님의 위덕을 얻으며, 신통이 자재하며, 부처님의 걸림 없고 광대한 관찰을 얻으며, 일체 부처님 종성의 차례를 알며, 말할 수 없는 부처님 법의 방편에 머무르게 하시었다.

그때에 청련화장 보살이 곧 능히 걸림 없는 법계를 통달하며, 곧 능히 장애를 여읜 깊은 행에 편안히 머무르며, 곧 능히 보현의 큰 원을 원만히 이루며, 곧 능히 일체 부처님의 법을 알고 보며, 대비의 마음으로 중생을 관찰하여 청정케 하려 하며, 부지런히 닦아 익히어 싫어하거나 게으르지 않으며, 일체 모든 보살들의 법을 받아 행하며, 한 생각 동안에 부처님의 지혜를 내어 일체 다함없는 지혜의 문을 분명히 알며, 총지와 변재를 모두 다 구족하였다.

부처님의 위신력을 받들어 연화장 보살에게 말하였다.

"불자여, 모든 부처님 세존께는 한량없는 머무르심이 있으니, 이른바 항상 대비에 머무르며, 갖가지 몸으로 모든 불사를 짓는 데 머무르며, 평등한 뜻으로 청정한 법륜을 굴리는 데 머무르며, 네 가지 변재로 한량없는 법을 설하는 데 머무르며, 부사의한 일체 부처님 법에 머무르신다.

청정한 음성으로 한량없는 국토에 두루하는 데 머무르며, 말할 수 없는 매우 깊은 법계에 머무르며, 일체 가장 수승한 신통을 나타내는 데 머무르며, 장애가 없는 구경의 법을 능히 열어 보이는 데 머무르신다.

불자여, 모든 부처님 세존께는 열 가지 법이 있어 한량없고 가없는 법계에 널리 두루하시니, 무엇이 열인가?

　이른바 일체 모든 부처님께서 끝없
는 몸이 있어서 색상이 청정하여 모
든 갈래에 널리 들어가되 물들어 집
착함이 없으시다.

　일체 모든 부처님께서 끝없고 장애
가 없는 눈이 있어서 일체 법을 모두
능히 분명하게 보시며, 일체 모든 부
처님께서 끝없고 장애가 없는 귀가
있어서 일체 음성을 모두 능히 분명
하게 아신다.

　일체 모든 부처님께서 끝없는 코가

있어서 모든 부처님의 자재한 피안에 능히 이르시며, 일체 모든 부처님께서 넓고 긴 혀가 있어서 미묘한 음성을 내어 법계에 두루하신다.

일체 모든 부처님께서 끝없는 몸이 있어서 중생들의 마음에 응하여 다 볼 수 있게 하시며, 일체 모든 부처님께서 끝없는 뜻이 있어서 걸림 없이 평등한 법신에 머무르신다.

일체 모든 부처님께서 끝없고 걸림 없는 해탈이 있어서 다함없는 큰 신통의 힘을 나타내 보이시며, 일체 모든 부처님께서 끝없이 청정한 세계가 있어서 중생들의 좋아함을 따라 온갖 불국토를 나타내어 한량없는 갖가지 장엄을 구족하되 그 가운데 물들어 집착함을 내지 아니하신다.

일체 모든 부처님께서 끝없는 보살의 행원이 있어서 원만한 지혜를 얻고 자재하게 유희하여 일체 부처님의 법을 다 능히 통달하신다.

불자여, 이것이 여래 응정등각께서 법계에 널리 두루하시는 끝없는 열 가지 부처님의 법이다.

불자여, 모든 부처님 세존께는 생각생각에 나타내 보이시는 열 가지 지혜가 있으니, 무엇이 열인가?

이른바 일체 모든 부처님께서 한 생각 동안에 한량없는 세계에서 하늘로부터 내려옴을 다 능히 나타내 보이시며, 일체 모든 부처님께서 한 생각 동안에 한량없는 세계에서 보살의 태어남을 다 능히 나타내 보이신다.

일체 모든 부처님께서 한 생각 동안에 한량없는 세계에서 출가하여

도를 배움을 다 능히 나타내 보이시며, 일체 모든 부처님께서 한 생각 동안에 한량없는 세계의 보리수 아래에서 평등한 바른 깨달음을 이룸을 다 능히 나타내 보이신다.

일체 모든 부처님께서 한 생각 동안에 한량없는 세계에서 미묘한 법륜 굴림을 다 능히 나타내 보이신다.

일체 모든 부처님께서 한 생각 동안에 한량없는 세계에서 중생들을 교화하고 모든 부처님께 공양올림을 다 능히 나타내 보이신다.

일체 모든 부처님께서 한 생각 동안에 한량없는 세계에서 말할 수 없는 갖가지 부처님 몸을 다 능히 나타내 보이신다.

일체 모든 부처님께서 한 생각 동안에 한량없는 세계에서 갖가지 장엄과 수없는 장엄으로 여래의 자재하신 일체 지혜창고를 다 능히 나타내 보이신다.

일체 모든 부처님께서 한 생각 동안에 한량없는 세계의 한량없고 수없는 청정한 중생들을 다 능히 나타내 보이신다.

　일체 모든 부처님께서 한 생각 동안에 한량없는 세계의 삼세 모든 부처님의 갖가지 근성과 갖가지 정진과 갖가지 행과 지혜로 삼세에서 평등한 바른 깨달음을 이룸을 다 능히 나타내 보이신다.

　이것이 열이다.

　불자여, 모든 부처님 세존께는 열 가지 때를 놓치지 아니하심이 있으니, 무엇이 열인가?

이른바 일체 모든 부처님께서 평등한 바른 깨달음을 이루는 데 때를 놓치지 아니하시며, 일체 모든 부처님께서 인연 있는 이를 성숙케 하는 데 때를 놓치지 아니하신다.

일체 모든 부처님께서 보살에게 수기를 주는 데 때를 놓치지 아니하시며, 일체 모든 부처님께서 중생의 마음을 따라 위신력을 나타내 보이는 데 때를 놓치지 아니하신다.

일체 모든 부처님께서 중생의 지해를 따라 부처님의 몸을 나타내 보이는 데 때를 놓치지 아니하시며, 일체 모든 부처님께서 크게 버리는 데 머무름에 때를 놓치지 아니하신다.

일체 모든 부처님께서 모든 마을에 들어가는 데 때를 놓치지 아니하시며, 일체 모든 부처님께서 모든 깨끗한 신심을 거두어 주는 데 때를 놓치지 아니하신다.

일체 모든 부처님께서 악한 중생들을 조복하는 데 때를 놓치지 아니하시며, 일체 모든 부처님께서 부사의한 모든 부처님 신통을 나타내는 데 때를 놓치지 아니하신다.
　이것이 열이다.

　불자여, 모든 부처님 세존께는 열 가지 견줄 수 없고 부사의한 경계가 있으니, 무엇이 열인가?

　이른바 일체 모든 부처님께서 한 번 가부좌하여 시방의 한량없는 세계에 두루 가득하시며, 일체 모든 부처님께서 한 구절의 뜻을 설하여 일체 부처님의 법을 다 능히 열어 보이신다.

일체 모든 부처님께서 한 광명을 놓아서 일체 세계를 모두 능히 두루 비추시며, 일체 모든 부처님께서 한 몸 가운데 일체 모든 몸을 다 능히 나타내 보이신다.

일체 모든 부처님께서 한 곳에서 일체 세계를 다 능히 나타내 보이시며, 일체 모든 부처님께서 한 지혜로 일체 모든 법을 모두 능히 분명하게 알아서 걸리는 바가 없으시다.

일체 모든 부처님께서 한 생각 동

안에 시방세계에 다 능히 두루 나아
가시며, 일체 모든 부처님께서 한 생
각 동안에 여래의 한량없는 위덕을
다 나타내신다.

일체 모든 부처님께서 한 생각 동
안에 삼세의 부처님과 중생들을 널
리 반연하되 마음이 어지럽지 아니
하시며, 일체 모든 부처님께서 한 생
각 동안에 과거와 미래와 현재의 일
체 모든 부처님과 더불어 체성이 같
아서 둘이 없으시다.

이것이 열이다.

불자여, 모든 부처님 세존께서 열 가지 지혜를 능히 출생하시니, 무엇이 열인가?

이른바 일체 모든 부처님께서 일체 법이 나아갈 바가 없음을 알지만 회향하는 서원의 지혜를 능히 출생하시며, 일체 모든 부처님께서 일체 법이 다 몸이 없음을 알지만 청정한 몸의 지혜를 능히 출생하신다.

일체 모든 부처님께서 일체 법이 본래 둘이 없음을 알지만 능히 깨닫는 지혜를 능히 출생하시며, 일체 모든 부처님께서 일체 법이 '나'도 없고 중생도 없음을 알지만 중생을 조복하는 지혜를 능히 출생하신다.

일체 모든 부처님께서 일체 법은 본래 모양이 없음을 알지만 모든 모양을 아는 지혜를 능히 출생하시며, 일체 모든 부처님께서 일체 세계가 이루어지고 무너짐이 없음을 알지만 이루어지고 무너짐을 아는 지혜를 능히 출생하신다.

일체 모든 부처님께서 일체 법은 조작됨이 없음을 알지만 업과 과보를 아는 지혜를 능히 출생하시며, 일체 모든 부처님께서 일체 법이 말로 설할 것 없음을 알지만 말을 아는 지혜를 능히 출생하신다.

일체 모든 부처님께서 일체 법이 물들고 깨끗함이 없음을 알지만 물들고 깨끗함을 아는 지혜를 능히 출생하시며, 일체 모든 부처님께서 일체 법이 나고 멸함이 없음을 알지만 나고 멸함을 아는 지혜를 능히 출생하신다.

이것이 열이다.

불자여, 모든 부처님 세존께는 열 가지 널리 들어가시는 법이 있으니, 무엇이 열인가?

이른바 일체 모든 부처님께서 깨끗하고 미묘한 몸이 있어서 삼세에 널리 들어가시며, 일체 모든 부처님께서 세 가지 자재함을 모두 다 구족하여 중생들을 널리 교화하시며, 일체 모든 부처님께서 모든 다라니를 모두 다 구족하여 일체 부처님 법을 널리 능히 받아 지니시며, 일체 모든 부처님께서 네 가지 변재를 모두 다 구족하여 일체 청정한 법륜을 널리 굴리신다.

일체 모든 부처님께서 평등한 대비를 모두 다 구족하여 항상 일체 중생을 버리고 여의지 아니하시며, 일체 모든 부처님께서 매우 깊은 선정을 모두 다 구족하여 일체 중생을 항상 널리 관찰하시며, 일체 모든 부처님께서 다른 이를 이롭게 하는 선근을 모두 다 구족하여 중생을 조복하되 휴식함이 없으시며, 일체 모든 부처님께서 걸리는 바 없는 마음을 모두 다 구족하여 일체 법계에 널리 능히 편안히 머무르신다.

일체 모든 부처님께서 걸림 없는 위신력을 모두 다 구족하여 한 생각 동안에 삼세 모든 부처님을 널리 나타내시며, 일체 모든 부처님께서 걸림 없는 지혜를 모두 다 구족하여 한 생각 동안에 삼세 겁의 수효를 널리 건립하신다.

이것이 열이다.

불자여, 모든 부처님 세존께는 열

가지 믿고 받아들이기 어려운 광대한 법이 있으니, 무엇이 열인가?

이른바 일체 모든 부처님께서 일체 모든 마군을 모두 능히 꺾어 멸하시며, 일체 모든 부처님께서 일체 외도를 모두 능히 항복 받으신다.

일체 모든 부처님께서 일체 중생을 모두 능히 조복하여 다 즐겁게 하시며, 일체 모든 부처님께서 일체 세계에 모두 능히 나아가서 여러 중생들을 교화하고 인도하신다.

일체 모든 부처님께서 매우 깊은 법

계를 다 능히 지혜로 증득하시며, 일체 모든 부처님께서 모두 다 능히 둘이 아닌 몸으로써 갖가지 몸을 나타내어 세계에 충만하시다.

일체 모든 부처님께서 모두 다 능히 청정한 음성으로 네 가지 변재를 일으켜 법을 설하시어 끊어짐이 없어서 무릇 믿고 받아들임에 공이 헛되지 아니하며, 일체 모든 부처님께서 모두 다 능히 한 모공 가운데 모든 부처님을 나타내시되 일체 세계의 미진수와 같아서 끊어짐이 없다.

일체 모든 부처님께서 모두 다 능히 한 미진 속에 온갖 세계를 나타내 보이되 일체 세계의 미진수와 같은데 갖가지 가장 미묘한 장엄을 구족하고 항상 그 가운데서 미묘한 법륜을 굴리어 중생을 교화하되 미진이 커지지도 않고 세계가 작아지지도 않으며 항상 증득한 지혜로 법계에 편안히 머무르신다.

일체 모든 부처님께서 청정한 법계를 모두 다 밝게 통달하고 지혜 광명으로 세간의 어리석음을 깨뜨려서 부처님 법을 모두 깨달아 알게 하여 여래를 따라 십력 가운데 머무르게 하신다.

이것이 열이다.

불자여, 모든 부처님 세존께는 열 가지 큰 공덕으로 허물을 여읜 청정하심이 있으니, 무엇이 열인가?

이른바 일체 모든 부처님께서 큰 위엄과 공덕을 구족하여 허물을 여의어 청정하시며, 일체 모든 부처님께서 다 삼세 여래의 가문에 태어나서 종족이 조순하고 훌륭하여 허물을 여의어 청정하시다.

일체 모든 부처님께서 미래제가 다 하도록 마음이 머무르는 바가 없어서 허물을 여의어 청정하시며, 일체 모든 부처님께서 삼세 법에 모두 집착하는 바가 없어서 허물을 여의어 청정하시다.

일체 모든 부처님께서 갖가지 성품이 모두 한 성품이고 온 바가 없음을 알아서 허물을 여의어 청정하시며, 일체 모든 부처님께서 과거와 미래의 복덕이 다함없어서 법계와 평등하여 허물을 여의어 청정하시다.

일체 모든 부처님께서 가없는 몸이 시방세계에 두루하시어 때를 따라 일체 중생을 조복하여 허물을 여의어 청정하시며, 일체 모든 부처님께서 사무외를 얻어 모든 공포를 떠나 대중모임 가운데서 큰 사자후로 일체 모든 법을 명료하게 분별하여 허물을 여의어 청정하시다.

일체 모든 부처님께서 말할 수 없

이 말할 수 없는 겁에 반열반하였더라도 중생들이 명호만 들어도 한량없는 복을 얻는 것이 마치 부처님께서 지금 계시는 공덕과 같아 다름이 없어서 허물을 여의어 청정하시다.

일체 모든 부처님께서 말할 수 없이 말할 수 없는 세계 가운데 멀리 있더라도 만약 어떤 중생이 일심으로 바르게 생각하면 곧 모두 친견하게 되어서 허물을 여의어 청정하시다.

이것이 열이다.

불자여, 모든 부처님 세존께는 열 가지 구경에 청정하심이 있으니, 무엇이 열인가?

이른바 일체 모든 부처님께서 지난 옛적 큰 서원이 구경에 청정하시며, 일체 모든 부처님께서 지니신 바 법행이 구경에 청정하시다.

일체 모든 부처님께서 세간의 온갖 미혹을 여의어 구경에 청정하시며, 일체 모든 부처님께서 국토를 장엄하여 구경에 청정하시다.

일체 모든 부처님의 있는 바 권속

이 구경에 청정하시며, 일체 모든 부처님의 있는 바 종족이 구경에 청정하시다.

일체 모든 부처님께서 색신의 상호가 구경에 청정하시며 일체 모든 부처님께서 법신이 물듦이 없어서 구경에 청정하시다.

일체 모든 부처님께서 일체지의 지혜가 장애가 없어서 구경에 청정하시며, 일체 모든 부처님께서 해탈이 자재하여 할 일을 이미 마치고 피안에 이르러서 구경에 청정하시다.

이것이 열이다.

불자여, 모든 부처님 세존께는 일체 세계와 일체 시간에 열 가지 불사가 있으니, 무엇이 열인가?

하나는 만약 어떤 중생이 오롯한 마음으로 생각하면 곧 그 앞에 나타나시고, 둘은 만약 어떤 중생의 마음이 조순하지 않으면 곧 위하여 법을 설하시고, 셋은 만약 어떤 중생이 능히 깨끗한 믿음을 내면 반드시 한량없는 선근을 얻게 하신다.

넷은 만약 어떤 중생이 법의 지위에 능히 들어가면 모두 다 증득함을 나타내어 밝게 알지 못함이 없으시고, 다섯은 중생들을 교화하되 피로해하거나 싫어함이 없으시고, 여섯은 모든 부처님 세계에 다녀도 가고 옴에 걸림이 없으시다.

일곱은 대비로 일체 중생을 버리지 않으시고, 여덟은 변화하는 몸을 나타내어 항상 끊어지지 않으시고, 아홉은 신통이 자재하여 일찍이 휴식한 적이 없으시고, 열은 법계에 편안히 머물러 능히 두루 관찰하신다.
   이것이 열이다.

   불자여, 모든 부처님 세존께는 열
가지 다함없는 지혜바다의 법이 있
으니, 무엇이 열인가?
   이른바 일체 모든 부처님의 가없는
법신인 다함없는 지혜바다의 법과,
일체 모든 부처님의 한량없는 불사
인 다함없는 지혜바다의 법과, 일체
모든 부처님의 부처님 눈 경계인 다
함없는 지혜바다의 법이다.

일체 모든 부처님의 한량없고 수없고 생각하기 어려운 선근인 다함없는 지혜바다의 법과, 일체 모든 부처님의 일체 감로의 미묘한 법을 널리 비내림인 다함없는 지혜바다의 법과, 일체 모든 부처님의 부처님 공덕을 찬탄함인 다함없는 지혜바다의 법이다.

일체 모든 부처님의 지난 옛적에 닦은 바 갖가지 원행인 다함없는 지혜바다의 법과, 일체 모든 부처님의 미래제가 다하도록 항상 불사를 지음인 다함없는 지혜바다의 법이다.

일체 모든 부처님의 일체 중생의 마음의 행을 밝게 아는 것인 다함없는 지혜바다의 법과, 일체 모든 부처님의 복과 지혜로 장엄함을 능히 초과할 자 없음인 다함없는 지혜바다의 법이다.

이것이 열이다.

불자여, 모든 부처님 세존께는 열 가지 항상한 법이 있으니, 무엇이 열인가?

이른바 일체 모든 부처님께서 항상 일체 모든 바라밀을 행하시고, 일체 모든 부처님께서 일체 법에 항상 미혹을 여의시고, 일체 모든 부처님께서 항상 대비를 갖추시고, 일체 모든 부처님께서 항상 십력을 지니신다.

일체 모든 부처님께서 항상 법륜을 굴리시고, 일체 모든 부처님께서 항상 중생들을 위하여 바른 깨달음을 이룸을 보이시고, 일체 모든 부처님께서 항상 일체 중생을 조복하기를 즐기시고, 일체 모든 부처님께서 마음에 둘이 아닌 법을 항상 바르게 생각하신다.

일체 모든 부처님께서 중생들을 교화하고는 항상 남음이 없는 열반에 들어감을 보이시니, 모든 부처님의 경계가 끝없는 까닭이다.

이것이 열이다.

불자여, 모든 부처님 세존께는 열 가지 한량없는 모든 부처님의 법문을 연설하심이 있으니, 무엇이 열인가?

이른바 일체 모든 부처님께서 한량
없는 중생계의 문을 연설하시며, 일
체 모든 부처님께서 한량없는 중생
의 행의 문을 연설하시며, 일체 모든
부처님께서 한량없는 중생의 업과
과보의 문을 연설하시며, 일체 모든
부처님께서 한량없는 중생들을 교화
하는 문을 연설하신다.

일체 모든 부처님께서 한량없는 중
생들을 깨끗하게 하는 문을 연설하
시며, 일체 모든 부처님께서 한량없

는 보살의 행의 문을 연설하시며, 일체 모든 부처님께서 한량없는 보살의 서원의 문을 연설하시며, 일체 모든 부처님께서 한량없는 일체 세계가 이루어지고 무너지는 겁의 문을 연설하신다.

일체 모든 부처님께서 한량없는 보살들의 깊은 마음으로 부처님 세계를 청정하게 하는 문을 연설하시며, 일체 모든 부처님께서 한량없는 일체 세계에 삼세 모든 부처님의 저 여러 겁 동안에 차례로 출현하는 문을 연설하시며, 일체 모든 부처님께서 일체 모든 부처님의 지혜의 문을 연설하신다.

이것이 열이다.

불자여, 모든 부처님 세존께는 열 가지 중생들을 위하여 불사를 지으심이 있으니, 무엇이 열인가?

이른바 일체 모든 부처님께서 색신을 나타내 보여 중생을 위하여 불사를 지으시며, 일체 모든 부처님께서 미묘한 음성을 내어 중생을 위하여 불사를 지으시며, 일체 모든 부처님께서 받는 바가 있으면서 중생을 위하여 불사를 지으시며, 일체 모든 부처님께서 받는 바가 없으면서 중생을 위하여 불사를 지으신다.

일체 모든 부처님께서 지·수·화·풍으로 중생을 위하여 불사를 지으시며, 일체 모든 부처님께서 자재한 위신력으로 일체 반연할 경계를 나타내 보여 중생을 위하여 불사를 지으시며, 일체 모든 부처님께서 갖가지 명호로 중생을 위하여 불사를 지으신다.

일체 모든 부처님께서 부처님 세계의 경계로 중생을 위하여 불사를 지으시며, 일체 모든 부처님께서 부처님 세계를 깨끗이 장엄하여 중생을 위하여 불사를 지으시며, 일체 모든 부처님께서 적막하여 말없이 중생을 위하여 불사를 지으신다.

이것이 열이다.

불자여, 모든 부처님 세존께는 열

가지 가장 수승한 법이 있으니, 무엇이 열인가?

이른바 일체 모든 부처님께서 큰 서원이 견고하여 깨뜨릴 수 없으며 말한 것은 반드시 행하여 두 말이 없으시다.

일체 모든 부처님께서 일체 공덕을 원만케 하려고 미래겁이 다하도록 보살의 행을 닦아 게으름을 내지 아니하신다.

일체 모든 부처님께서 한 중생을 조복하려는 까닭으로 말할 수 없이 말할 수 없는 세계로 다니며 이와 같이 일체 중생을 위하여 끊지 아니하신다.

일체 모든 부처님께서 믿거나 헐뜯는 두 부류의 중생을 대비로 널리 관찰함에 평등하여 다름이 없으시다.

일체 모든 부처님께서 처음 마음을 낼 때부터 내지 부처를 이룰 때까지 끝내 보리의 마음에서 물러나지 아니하신다.

일체 모든 부처님께서 한량없는 모든 선한 공덕을 쌓아 모아 다 일체 지혜의 성품에 회향하면서 모든 세간에 끝까지 물들어 집착함이 없으시다.

일체 모든 부처님께서 모든 부처님 처소에서 삼업을 닦아 배우면서 오직 부처님의 행만 행하고 이승의 행은 행하지 않으며 다 일체 지혜의 성품에 회향하면서 위없는 바르고 평등한 보리를 이루신다.

일체 모든 부처님께서 큰 광명을 놓음에 그 광명이 평등하게 일체 처를 비추고 그리고 일체 모든 부처님의 법을 비추어서 모든 보살들로 하여금 마음이 청정함을 얻어 일체 지혜를 원만하게 하신다.

일체 모든 부처님께서 세상의 즐거움을 버리고 여의어 탐하지 않고 물들지 않으며 세간이 괴로움을 여의고 즐거움 얻기를 널리 발원하여 모든 희론이 없으시다.

일체 모든 부처님께서 모든 중생들이 갖가지 고통 받는 것을 가엾게 여겨 부처님의 종성을 수호하며 부처님의 경계를 행하여 생사를 벗어나서 십력의 지위에 이르게 하신다.

　이것이 열이다.

　불자여, 모든 부처님 세존께는 열 가지 장애 없이 머무르심이 있으니, 무엇이 열인가?

　이른바 일체 모든 부처님께서 일체 세계에 다 능히 가되 장애 없이 머무르시며, 일체 모든 부처님께서 일체 세계에 다 능히 머무르되 장애 없이 머무르신다.

　일체 모든 부처님께서 다 능히 일

체 세계에서 가고 머무르고 앉고 눕되 장애 없이 머무르시며, 일체 모든 부처님께서 다 능히 일체 세계에서 바른 법을 연설하되 장애 없이 머무르신다.

일체 모든 부처님께서 다 능히 일체 세계에서 도솔천 궁전에 머무르되 장애 없이 머무르시며, 일체 모든 부처님께서 다 능히 법계의 일체 삼세에 들어가되 장애 없이 머무르신다.

일체 모든 부처님께서 법계의 일체

도량에 다 능히 앉되 장애 없이 머무르시며, 일체 모든 부처님께서 다 능히 생각생각에 일체 중생의 마음의 행을 살펴보고 세 가지 자재로 교화하고 조복하되 장애 없이 머무르신다.

일체 모든 부처님께서 다 능히 한 몸으로써 한량없고 부사의한 부처님 처소와 그리고 일체 처에 머물러 중생을 이익하게 하여 장애 없이 머무르시며, 일체 모든 부처님께서 한량없는 모든 부처님의 말씀하신 바른 법을 다 능히 열어 보이되 장애 없이 머무르신다.

이것이 열이다.

불자여, 모든 부처님 세존께는 열 가지 가장 수승하고 위없는 장엄이 있으니, 무엇이 열인가?

일체 모든 부처님께서 모든 상과 수호를 모두 다 구족하셨다. 이것이 모든 부처님의 첫째, 가장 수승하고 위없는 몸의 장엄이다.

일체 모든 부처님께서 예순 가지

음성을 모두 다 구족하고, 낱낱 음성마다 오백 가지 부분이 있고, 낱낱 부분마다 한량없는 백천의 청정한 음성으로 아름답게 장엄하고, 능히 법계의 일체 대중 가운데서 모든 공포가 없는 큰 사자후로써 여래의 매우 깊은 법과 뜻을 연설하시는데, 듣는 중생들이 환희하지 않음이 없어 그 근성과 욕망을 따라 다 조복하신다. 이것이 모든 부처님의 둘째, 가장 수승하고 위없는 말씀의 장엄이다.

일체 모든 부처님께서 십력과 모든 큰 삼매와 열여덟 가지 함께하지 않음을 다 갖추어 의업을 장엄하고 행하는 바 경계에 통달하여 걸림 없으며, 일체 모든 부처님의 법을 남김없이 다 얻어서 법계의 장엄으로 장엄하며, 법계의 중생들이 마음으로 행하는 과거와 미래와 현재의 각각 차별한 것을 한 생각에 다 능히 밝게 보신다. 이것이 모든 부처님의 셋째, 가장 수승하고 위없는 뜻의 장엄이다.

일체 모든 부처님께서 모두 다 능

히 수없는 광명을 놓으시니 낱낱 광명에 말할 수 없는 광명 그물로 권속을 삼고 일체 모든 부처님의 국토를 널리 비추어 일체 세간의 어두움을 없애며, 한량없는 모든 부처님의 출현을 나타내 보이는데, 그 몸이 평등하여 모두 다 청정하며 짓는 바 불사가 다 헛되지 아니하여 능히 중생들로 하여금 물러나지 않음에 이르게 하신다. 이것이 모든 부처님의 넷째, 가장 수승하고 위없는 광명의 장엄이다.

일체 모든 부처님께서 미소를 지을 때에 다 입속에 백천억 나유타 아승지 광명을 놓는데, 낱낱 광명에 각각 한량없고 부사의한 갖가지 색이 있어 시방의 일체 세계를 두루 비추어, 대중 가운데 성실한 말씀을 내어 한량없고 수없고 부사의한 중생들에게 아눅다라삼먁삼보리의 수기를 주신다. 이것이 모든 부처님의 다섯째, 세상의 어리석은 미혹을 여의는 가장 수승하고 위없는 미소를 짓는 장엄이다.

일체 모든 부처님께서 다 법신이 있으니 청정하여 걸림이 없고 일체 법을 끝까지 통달하여 법계에 머무름이 끝이 없고, 비록 세간에 있어도 세간과 더불어 섞이지 아니하고, 세간의 참된 성품을 알아 세간을 벗어나는 법을 행하고, 언어의 길이 끊어져 온과 계와 처를 초월하신다. 이것이 모든 부처님의 여섯째, 가장 수승하고 위없는 법신의 장엄이다.

일체 모든 부처님께서 다 한량없고 항상하고 미묘한 광명이 있는데, 말

할 수 없이 말할 수 없는 갖가지 색
상으로 아름답게 장엄하였으며, 광
명의 창고가 되어 한량없이 원만한
광명을 내어 시방에 널리 비추되 장
애가 없으시다. 이것이 모든 부처님
의 일곱째, 가장 수승하고 위없는
항상하고 미묘한 광명의 장엄이다.

일체 모든 부처님께서 다 가없는
미묘한 빛과 사랑스러운 미묘한 빛
과 청정하게 미묘한 빛과 마음을 따
라 나타나는 미묘한 빛과 일체 삼계
를 덮어 가리는 미묘한 빛과 피안에

이르는 위없는 미묘한 빛이 있으시다. 이것이 모든 부처님의 여덟째, 가장 수승하고 위없는 미묘한 빛 장엄이다.

일체 모든 부처님께서 다 삼세의 부처님 종성 가운데 태어나되 온갖 선한 보배를 모아 끝까지 청정하고 모든 허물이 없어 세상의 비방을 떠났으며, 일체 법 가운데 가장 수승하여 청정하고 미묘한 행으로 장엄하였으며, 일체지의 지혜를 구족하게 성취하였으며, 종족이 청정하여 비난

하고 헐뜯을 이가 없으시다. 이것이 모든 부처님의 아홉째, 가장 수승하고 위없는 종족의 장엄이다.

　일체 모든 부처님께서 대자의 힘으로 그 몸을 장엄하고, 끝까지 청정하여 모든 갈애가 없어 몸으로 행함이 길이 쉬었고, 마음이 잘 해탈하여 보는 자가 싫어함이 없으며, 대비로 일체 세간을 구호하여 제일의 복밭이므로 위없이 받는 자이며, 일체 중생을 가엾이 여기고 이익하게 하여 모두 한량없는 복덕과 지혜의 무더기를 증장케 하신다. 이것이 모든 부처님의 열째, 가장 수승하고 위없는 대자대비한 공덕의 장엄이다.

이것이 열이다.

불자여, 모든 부처님 세존께는 열 가지 자재하신 법이 있으니, 무엇이 열인가?

이른바 일체 모든 부처님께서 일체 법에 모두 자재함을 얻어 갖가지 구절과 뜻을 분명하게 통달하며 모든

법을 연설함에 변재가 걸림이 없으시
다.

이것이 모든 부처님의 첫째 자재하
신 법이다.

일체 모든 부처님께서 중생을 교화
함에 일찍이 때를 놓치지 않고 그들
이 원하고 즐겨함을 따라 바른 법을
설하여 모두 조복해서 끊어짐이 없
게 하신다.

이것이 모든 부처님의 둘째 자재하
신 법이다.

일체 모든 부처님께서 능히 온 허

공계의 한량없고 수없는 갖가지로
장엄한 일체 세계로 하여금 여섯 가
지로 진동케 하되, 저 세계들을 혹은
들어 올리고 혹은 내리고, 혹은 크게
하고 혹은 작게 하고, 혹은 합하게
하고 혹은 흩어지게 하되 일찍이 한
중생도 괴롭히거나 해친 적이 없으시
다. 그 가운데 중생들도 느끼지 못하
고 알지 못하며, 의심도 없고 괴이하
게 여기지도 않는다.

　이것이 모든 부처님의 셋째 자재하
신 법이다.

일체 모든 부처님께서 신통력으로 일체 세계를 모두 능히 깨끗하게 장엄하는데, 잠깐 사이에 일체 세계의 장엄을 널리 나타내며, 이 모든 장엄을 수없는 겁이 지나도록 설하여도 다할 수 없으며, 모두 다 물듦을 떠나 청정함이 비길 데 없으며, 일체 부처님 세계를 깨끗이 장엄한 일이 다 평등하게 한 세계 중에 들어가게 하신다.

이것이 모든 부처님의 넷째 자재하신 법이다.

일체 모든 부처님께서 한 중생이라
도 마땅히 교화 받아야 할 자를 보
고는 그를 위하여 수명에 머무르되
말할 수 없이 말할 수 없는 겁을 지
나며, 내지 미래제가 다하도록 결가
부좌하되 몸과 마음이 게으름이 없
이 오롯한 마음으로 기억하여 일찍
이 잊어버리지 않고 방편으로 조복
하되 때를 놓치지 아니하고, 한 중생
을 위함과 같이 일체 중생을 위함도
다 또한 이와 같이 하신다.

이것이 모든 부처님의 다섯째 자재

하신 법이다.

일체 모든 부처님께서 일체 세계의 일체 여래께서 수행하던 곳에 다 능히 두루 가되 잠시도 버리지 않는다.

일체 법계가 시방이 각각 다르고 낱낱 방위마다 한량없는 세계바다가 있고 낱낱 세계바다에 한량없는 세계종이 있는데 부처님께서 위신력으로 한 생각 동안에 모두 이르러 걸림없고 청정한 법륜을 굴리신다.

이것이 모든 부처님의 여섯째 자재하신 법이다.

일체 모든 부처님께서 일체 중생을 조복하려고 생각생각에 아뇩다라삼 먁삼보리를 이루되, 일체 부처님의 법을 과거와 현재에 깨닫지도 않고 또한 장차 깨닫지도 않으며, 또한 배움이 있는 지위에 머무르지도 않으면서 모두 보고 알아서 통달하여 걸림이 없으며, 한량없는 지혜와 한량없는 자재로 일체 중생을 교화하고 조복하신다.

이것이 모든 부처님의 일곱째 자재하신 법이다.

일체 모든 부처님께서 능히 눈으로 써 귀로 하는 불사를 짓고, 능히 귀 로써 코로 하는 불사를 짓고, 능히 코로써 혀로 하는 불사를 짓고, 능 히 혀로써 몸으로 하는 불사를 짓 고, 능히 몸으로써 뜻으로 하는 불 사를 지으며, 능히 뜻으로써 일체 세 계에서 세간과 출세간의 갖가지 경 계에 머물러 낱낱 경계에서 한량없 이 광대한 불사를 능히 지으신다.

이것이 모든 부처님의 여덟째 자재 하신 법이다.

일체 모든 부처님께서 그 몸의 모공에 낱낱이 일체 중생을 능히 수용하여, 낱낱 중생이 그 몸이 모두 말할 수 없는 모든 부처님 세계와 더불어 동등하지만 비좁지 아니하다.

낱낱 중생이 걸음걸음마다 능히 수없는 세계를 지나가되, 이와 같이 점점 더 수없는 겁이 다하도록 모든 부처님께서 세상에 출현하여 중생을 교화하고 청정한 법륜을 굴리어 과거와 미래와 현재의 말할 수 없는 법을 열어 보이며, 온 허공계의 일체 중생이 모든 갈래에서 몸을 받음과 위의와 오고 감과 그리고 그 수용하는 바 갖가지 즐길 거리를 모두 다 구족함을 다 보지만 그 가운데 장애하는 바가 없다.

이것이 모든 부처님의 아홉째 자재하신 법이다.

일체 모든 부처님께서 한 생각 사이에 일체 세계의 미진수의 부처님을 나타내고, 낱낱 부처님께서 다 일체 법계의 온갖 미묘한 연꽃으로 광대하게 장엄한 세계에 연화장 사자

좌 위에서 평등한 바른 깨달음을 이루어 모든 부처님의 자재한 위신력을 나타내 보이셨다.

온갖 미묘한 연꽃으로 광대하게 장엄한 세계에서처럼, 이와 같이 일체법계 가운데 말할 수 없이 말할 수 없는 갖가지 장엄과 갖가지 경계와 갖가지 형상과 갖가지로 나타내 보임과 갖가지 겁의 수효인 청정한 세계에서도 한 생각에서처럼 이와 같이 한량없고 가없는 아승지 겁의 일체 생각 중에도 한 생각에 일체를 나

타내고 한 생각에 한량없이 머무르
지만 일찍이 조그만 방편의 힘도 쓴
적이 없으시다.

　이것이 모든 부처님의 열째 자재하
신 법이다.

　불자여, 모든 부처님 세존께는 열
가지 한량없고 부사의하고 원만한
부처님의 법이 있으니, 무엇이 열인
가?

　이른바 일체 모든 부처님께서 날날

의 깨끗한 상호에 모두 백 가지 복을 갖추셨으며, 일체 모든 부처님께서 일체 부처님 법을 모두 다 성취하셨으며, 일체 모든 부처님께서 일체 선 근을 모두 다 성취하셨으며, 일체 모든 부처님께서 일체 공덕을 모두 다 성취하셨다.

일체 모든 부처님께서 일체 중생을 모두 능히 교화하셨으며, 일체 모든 부처님께서 모두 다 능히 중생들을 위하여 주인이 되셨으며, 일체 모든 부처님께서 청정한 부처님 세계를 모두 다 성취하셨으며, 일체 모든 부처님께서 일체지의 지혜를 모두 다 성취하셨다.

일체 모든 부처님께서 색신의 상호를 모두 다 성취하시어 보는 자들이 이익을 얻어 공이 헛되지 아니하고, 일체 모든 부처님께서 모든 부처님의 평등한 바른 법을 다 갖추셨으며, 일체 모든 부처님께서 불사를 짓고 나서는 열반에 듦을 나타내 보이지 않음이 없으시다.

이것이 열이다.

불자여, 모든 부처님 세존께는 열 가지 선교방편이 있으니, 무엇이 열인가?

일체 모든 부처님께서 모든 법이 희론을 다 여의었음을 밝게 알지만 모든 부처님의 선근을 능히 열어 보이신다.

이것이 첫째 선교방편이다.

일체 모든 부처님께서 일체 법이 다 보는 바가 없어 각각 서로 알지도 못하며, 얽힘도 없고 풀림도 없으며, 받음도 없고 모임도 없으며, 성취하고 자재함이 없어서 구경에 피안에 이를 것을 아신다.

그러나 모든 법에 진실하게 알아 다르지도 않고 차별하지도 않아서 자재함을 얻었으며, '나'도 없고 받음도 없어 실제를 무너뜨리지도 않으며, 이미 대자재의 지위에 이르름을 얻어 항상 일체 법계를 능히 관찰하신다.

이것이 둘째 선교방편이다.

일체 모든 부처님께서 모든 형상을 길이 여의어 마음이 머무르는 바가 없으나 능히 다 알아서 어지럽지도 않고 그릇되지도 않으며, 비록 일체 형상이 다 자성이 없음을 알지만 그 자체의 성품과 같이 다 능히 잘 들어 가며, 그러나 또한 한량없는 색신과 그리고 일체 청정한 불국토의 갖가 지로 장엄한 다함없는 모양을 나타 내 보이며 지혜의 등불을 모아서 중 생들의 미혹을 없애신다.

이것이 셋째 선교방편이다.

일체 모든 부처님께서 법계에 머무 르고 과거와 미래와 현재에 머무르지 않으니, 진여와 같은 성품에는 과거와 미래와 현재 삼세의 모양이 없는 까닭이다. 그러나 과거와 미래와 현재세의 한량없는 모든 부처님께서 세간에 출현함을 능히 연설하여 그것을 듣는 자로 하여금 일체 모든 부처님의 경계를 널리 보게 하신다.

이것이 넷째 선교방편이다.

일체 모든 부처님께서 몸과 말과 뜻의 업이 조작하는 바가 없어서 옴도 없고 감도 없고, 또한 머무름도 없고, 모든 수효의 법을 떠나서 일체 모든 법의 피안에 이르지만, 온갖 법의 창고가 되고 한량없는 지혜를 갖추며, 갖가지 세간과 출세간의 법을 밝게 통달하여 지혜가 걸림이 없으며, 한량없이 자재한 위신력을 나타내 보여 일체 법계의 중생을 조복하신다.

이것이 다섯째 선교방편이다.

일체 모든 부처님께서 일체 법은 볼 수도 없고, 하나도 아니고 다르지도 않으며, 한량있는 것도 아니고 한량없는 것도 아니며, 오는 것도 아니고 가는 것도 아니라, 모두 자성이 없음을 알되 또한 세간의 모든 법을 어기지도 아니한다. 일체지 있는 자가 자기의 성품이 없는 가운데 일체 법을 보고 법에 자재하여 모든 법을 널리 설하되 항상 진여의 참 성품에 편안히 머무르신다.

이것이 여섯째 선교방편이다.

일체 모든 부처님께서 한 시간에 일체 시간을 알고 청정한 선근을 갖추어 바른 지위에 들어가되 집착하는 바가 없어서, 그 날과 달과 해와

겁이 이루어지고 무너지는 이와 같은 등의 시간에 머무르지도 않고 버리지도 않는다.

능히 낮과 밤의 처음과 중간과 나중의 때와, 하루와 이레와 반달과 한 달과 일 년과 백 년과 한 겁과 여러 겁과 생각할 수 없는 겁과 말할 수 없는 겁과 내지 미래제의 겁이 다하도록 항상 중생들을 위하여 미묘한 법륜을 굴림을 나타내 보이되, 끊이지도 않고 물러나지도 않아서 휴식함이 없으시다.

이것이 일곱째 선교방편이다.

일체 모든 부처님께서 항상 법계에 머무르지만, 모든 부처님의 한량없고 두려움 없음과 그리고 셀 수 없는 변재와, 헤아릴 수 없는 변재와, 다함이 없는 변재와, 끊어짐이 없는 변재와, 가없는 변재와, 함께하지 않는 변재와, 끝이 없는 변재와, 진실한 변재와, 일체 구절을 방편으로 열어 보이는 변재와, 일체 법의 변재를 성취하여, 그 근성과 그리고 욕망과 이해를 따라 갖가지 법문으로써 말할 수

없이 말할 수 없는 백천억 나유타 경전을 설하되, 처음과 중간과 끝이 좋음에 모두 다 끝까지 이르신다.

이것이 여덟째 선교방편이다.

일체 모든 부처님께서 청정한 법계에 머물러서 일체 법이 본래 이름이 없음을 아신다.

과거의 이름도 없고 현재의 이름도 없고 미래의 이름도 없으며, 중생의 이름도 없고 중생 아닌 이름도 없으며, 국토의 이름도 없고 국토 아닌 이름도 없으며, 법의 이름도 없고 법 아

닌 이름도 없으며, 공덕의 이름도 없
고 공덕 아닌 이름도 없다.

보살의 이름도 없고 부처님의 이름
도 없으며, 수효의 이름도 없고 수효
아닌 이름도 없으며, 생겨나는 이름
도 없고 사라지는 이름도 없으며, 있
는 이름도 없고 없는 이름도 없으며,
한 가지 이름도 없고 갖가지 이름도
없다. 왜냐하면 모든 법의 체성은 말
할 수 없는 까닭이다.

일체 모든 법이 방위도 없고 처소
도 없으며, 모아서 말할 수도 없고

흘어서 말할 수도 없으며, 하나로 말할 수도 없고 여럿으로 말할 수도 없으며, 음성으로 미칠 수 없어 말이 다 끊어졌다.

비록 세속을 따라서 갖가지 말로 설하더라도 반연하는 바가 없고 조작하는 바도 없으며, 일체 허망한 생각과 집착을 멀리 여의니 이와 같이 구경에 피안에 이른다.

이것이 아홉째 선교방편이다.

일체 모든 부처님께서 일체 법의 본래 성품이 적정함을 아신다.

남이 없는 까닭으로 물질이 아니고, 희론이 없는 까닭으로 느낌이 아니고, 이름과 수효가 없는 까닭으로 생각이 아니고, 조작이 없는 까닭으로 행이 아니고, 집착이 없는 까닭으로 식이 아니다. 들어갈 곳이 없는 까닭으로 처소가 아니고, 얻을 것이 없는 까닭으로 계가 아니다.

그러나 또한 일체 모든 법을 무너뜨리지도 않으니, 본래 성품이 일어남이 없어 허공과 같은 까닭이다. 일체 모든 법이 모두 다 공적하여, 업과 과보도 없고 닦아 익힐 것도 없으며, 성취함도 없고 출생함도 없다.

수효도 아니고 수효 아님도 아니며, 있음도 아니고 없음도 아니며, 생겨남도 아니고 사라짐도 아니며, 더러움도 아니고 깨끗함도 아니다.

들어감도 아니고 나옴도 아니며, 머무름도 아니고 머무르지 않음도 아니며, 조복함도 아니고 조복하지 않음도 아니며, 중생도 아니고 중생 없음도 아니며, 수명도 아니고 수명 없음도 아니며, 인연도 아니고 인연 없음도 아니다.

그러나 바르게 결정함과 잘못 결정함과 그리고 결정하지 못한 무리의 일체 중생을 분명히 알아서 미묘한 법을 설하여 피안에 이르게 하며, 십력과 사무소외를 성취하여 능히 사자후하며, 일체지를 갖추어 부처님 경계에 머무르게 하신다.

이것이 열째 선교방편이다.

불자여, 이것이 모든 부처님의 열 가지 선교방편을 성취함이다."

〈대방광불화엄경 제46권〉

아차보현수승행
무변승복개회향
보원침익제중생
속왕무량광불찰

시방삼세일체불
제존보살마하살
마하반야바라밀

我此普賢殊勝行

無邊勝福皆迴向

普願沈溺諸眾生

速往無量光佛剎

十方三世一切佛

諸尊菩薩摩訶薩

摩訶般若波羅蜜

大方廣佛華嚴經

부록

•

대방광불화엄경 목차

•

간행사

대방광불화엄경
목차

간 행 사

  귀의삼보 하옵고,

  『대방광불화엄경』의 수지 독송과 유통을 발원하면서 수미정사 불전연구원에서『독송본 한문·한글역 대방광불화엄경』과『사경본 한글역 대방광불화엄경』을 편찬하여 간행하게 되었습니다.

  『화엄경』은 우리나라에 전래된 이래 일찍부터 사경되고 주석·강설되어 왔으며 근현대에 이르러서는『화엄경』의 한글 번역과 연구도 부쩍 많이 이루어졌습니다. 그만큼『화엄경』이 우리 불자님들의 신행과 해탈에 큰 의지처가 되었던 것임을 알 수 있습니다.

  『화엄경』을 독송하고 사경하는 공덕은 설법 공덕과 함께 크게 강조되어 왔습니다. 그리하여 수미정사 불전연구원에서도『화엄경』(80권)을 독송하고 사경하는 데 도움이 되도록 한문 원문과 한글역을 함께 수록한 독송본과 한글역의 사경본『화엄경』 간행불사를 발원하였습니다. 이『화엄경』 간행불사에 뜻을 같이하여 적극 후원해주신 스님들과 재가 불자님들께 깊이 감사드립니다. 또한『화엄경』을 수지 독송할 수 있도록 경책의 모습으로 장엄해 주신 편집위원들과 담앤북스 출판사 관계자들께도 고마움을 표합니다.

  끝으로 이 불사의 원만 회향으로『화엄경』이 널리 유통되고, 온 법계에 부처님의 가피가 충만하시길 기원드립니다.

  나무 대방광불화엄경

불기 2564년 '부처님오신날'을 봉축하며

수미해주 합장

위태천신(동진보살)

수미해주 須彌海住

호거산 운문사에서 성관 스님을 은사로 출가, 석암 대화상을 계사로 사미니계 수계, 월하 전계사를 계사로 비구니계 수계, 계룡산 동학사 전문강원 졸업, 동국대학교 불교대학 및 동 대학원 졸업, 철학박사, 가산지관 대종사에게서 전강, 동국대학교 불교대학 교수, 동학승가대학 학장 및 화엄학림 학림장, 중앙승가대학교 법인이사 역임.
(현) 수미정사 주지, 동국대학교 명예교수.
저·역서로 『의상화엄사상사연구』, 『화엄의 세계』, 『정선 원효』, 『정선 화엄 1』, 『정선 지눌』, 『법계도기총수록』, 『해주스님의 법성게 강설』 등 다수.

사경본 한글역
대방광불화엄경 제46권

| **초판 1쇄 발행_** 2024년 7월 24일

| **엮은이_** 수미해주
| **엮은곳_** 수미정사 불전연구원
| **편집위원_** 해주 수정 경진 선초 정천 석도 박보람 최원섭
| **편집보_** 무이 무진 지욱 혜명

| **펴낸이_** 오세룡
| **펴낸곳_** 담앤북스
　　　　서울특별시 종로구 새문안로3길 23 경희궁의 아침 4단지 805호
　　　　대표전화 02)765-1251　전자우편 dhamenbooks@naver.com
　　　　출판등록 제300-2011-115호
| **ISBN_** 979-11-6201-472-1　04220

정가 10,000원
ⓒ 수미해주 2024